LETTRE

A

M. LE PROFESSEUR MAUNOIR

DE GENÈVE,

SUR

UN NOUVEL INSTRUMENT

DESTINÉ A AGRANDIR OU A RECTIFIER L'INCISION DE LA CORNÉE
DANS L'OPÉRATION DE LA CATARACTE PAR EXTRACTION;

AVEC UNE PLANCHE LITHOGRAPHIÉE.

PAR

CH. F. J. CARRON DU VILLARDS,

Docteur en Chirurgie, Professeur particulier des Maladies des yeux, Elève de l'Ecole
spéciale ophthalmologique de Pavie, etc.

Prix : 1 f. 25 c.

PARIS,

LIBRAIRIE DES SCIENCES MÉDICALES

DE JUST ROUVIER ET E. LE BOUVIER,

RUE DE L'ÉCOLE DE MÉDECINE, 8.
ET CHEZ L'AUTEUR, RUE MONT-THABOR, 8.

1854.

LETTRE

A

M. LE PROFESSEUR MAUNOIR.

LETTRE

A

M. LE PROFESSEUR MAUNOIR.

Mon cher maître,

Je vous ai souvent entretenu des difficultés que les opérateurs éprouvent en général, en pratiquant l'extraction de la cataracte, pour faire à la cornée une incision suffisamment grande. Cette difficulté a été, dès l'origine de la réintégration de l'extrac-tion dans le domaine de la chirurgie moderne, un

écueil que Daviel avait cherché à éviter, en pratiquant son opération en deux temps : il exécutait le
premier avec son couteau à lance, et le second avec
son instrument mousse à un seul tranchant, placé
à droite ou à gauche, selon le besoin. Dans d'autres
circonstances, il mettait en usage les ciseaux cou-
dés obliquement, qui portent son nom. Quand en-
suite on a modifié le procédé du chirurgien de Marseille en tant de manières diverses, l'accident est
resté le même, et dans la plupart des cas, on a dû
recourir, pour y remédier, à une incision secon-
daire.

Quoiqu'il soit généralement fort difficile d'assi-
gner une dimension fixe à l'incision de la cornée
transparente, en raison de la différence de sa con-
formation et de ses rapports avec l'iris, il ne faut
jamais perdre de vue qu'il est nécessaire que la so-
lution de continuité puisse donner passage à la lentille opaque, sans que l'opérateur soit forcé d'exer-
cer une trop grande pression. Marc-Antoine Petit,
de Lyon, dont les opinions sont, à vos yeux et aux
miens, d'un si grand poids, disait que, lorsque l'on
exécutait l'extraction de la cataracte et la cystoto-
mie périnéale, il fallait pratiquer une incision plu-
tôt trop grande que trop petite, et que, dans l'extraction du cristallin ou des calculs, les accidents
produits par les efforts employés pour faire passer
un corps d'un volume donné, par une ouverture

plus petite que lui, étaient bien plus formidables que les dangers d'une trop grande incision.

Il faut donc que l'incision de la cornée comprenne au moins, selon M. Ware, les neuf seizièmes de sa circonférence, ou les sept douzièmes et même plus, selon le professeur Roux. Je n'ignore pas que ces divers principes ne sont point les vôtres, et que, dans la plupart des cas, l'incision que vous pratiquez à la cornée, n'excède point les cinq douzièmes de sa circonférence. Aussi faut-il toute votre dextérité et votre grande habitude, pour opérer la sortie du cristallin, qui est, en ce cas, un véritable accouchement. On doit alors agir comme vous, avec une excessive circonspection, et souvent même saisir la lentille avec de petites pinces à crochets, ou des bruxelles à lentilles fenêtrées qui portent votre nom. Mais, comme vous n'imposez pas à vos élèves et à vos amis vos procédés et vos opinions, je vous avouerai avec franchise, que malgré vos nombreux succès, dont j'ai été si souvent témoin, je ne saurais adopter une petite incision. Ainsi, je pose en fait que toutes les fois que l'on aura fait une incision qui ne sera pas assez grande pour donner un libre passage au cristallin, il sera nécessaire de l'agrandir. Les mortifications de la cornée, produites par une trop grande ouverture, sont plus rares qu'on ne le croit généralement. Le frère capucin qui exerçait à Gênes avec beaucoup de bonheur la profession de Saint-Yves, disait que tout le secret de l'extraction résidait dans la grandeur et la netteté de l'incision de la cornée. Quand il employait l'extraction, il faisait toujours une très grande incision, et sa pratique était des plus heureuses. Quel que soit le procédé mis en usage pour ouvrir la cornée, tels que ceux de La Faye, Bérenger, Poyet, Richter, Wathen, De Wenzel et Béer, l'accident est toujours à peu près le même, et ces divers chirurgiens se servaient, pour le combattre, des ciseaux de Daviel, de ceux attribués à Richter, du couteau mousse du chirurgien de Marseille, ou de celui de Mursinna. Forlenze fit construire un couteau coupé carrément et tranchant d'un seul côté. Je vous ai vu employer plusieurs fois, avec de très grands avantages, une petite lame recourbée et coupant sur le côté. Il est reconnu aujourd'hui que lorsque l'on rectifie l'incision de la cornée avec les ciseaux de Daviel, non-seulement il en résulte une cicatrice vicieuse, mais encore l'on risque de blesser l'iris : les couteaux de Daviel, Mursinna, Forlenze, et même votre petite lame, sont difficiles à employer, et ne remplissent pas toujours leur but, parce que, au moment où ils agissent, l'œil fuit du côté vers lequel l'instrument presse.

Pour obvier à cet accident, et sur-tout pour remédier, d'une manière très positive, à l'étroitesse de l'incision de la cornée, j'ai fait construire un

petit instrument qui rempli toutes ces indications.
Après avoir infructueusement tenté de faire exécu-
ter, à Vienne, à Londres et à Turin, un petit outil
dont j'avais cependant donné un dessin exact, je
me suis servi de petits ciseaux courbes sur leur
plat, et coupant en dehors au moment où on les
ouvre comme le lithotôme double de Fleurant, modifié par M. Amussat.

Grâce à l'habileté de M. Charrière, mon idée
première a été réalisée, et cet artiste distingué m'a
mis à même de pouvoir, à volonté, donner à l'incision de la cornée les dimensions que je juge
convenables. L'instrument dont je viens de parler
ressemble à un petit lithotôme : ses lames n'ont
que six lignes de longueur sur une ligne et demie
de largeur : elles s'ouvrent et se ferment par un
léger mécanisme à bascule, au moyen duquel on
peut leur donner le degré d'écartement nécessaire.
Ces lames offrent sur leur plat une légère courbure,
calculée sur le cercle de la circonférence de la cornée, et qui lorsqu'elles agissent, coupent cette par-
tie de l'œil dans une direction semi-circulaire.
Mousses et ne coupant point quand l'instrument
est fermé, rien n'est plus facile et moins dangereux
que leur introduction. Souvent l'iris se présente
à travers les lèvres de la plaie : si dans ce cas l'on
met en usage les ciseaux de Daviel ou de Richter,
rien n'est plus facile et plus fréquent que la bles-

sure de cette membrane. Mon petit instrument, au contraire, sert à refouler, à réduire la hernie de l'iris, et quand on est parvenu à ce but, on presse sur l'instrument, la lame non tranchante fixe l'œil, tandis que celle qui coupe, agrandit l'ouverture dans les dimensions que l'on croit nécessaires.

Pour remédier à tous les accidents de l'étroitesse de l'incision pratiquée à la cornée dans l'extraction de la cataracte, il faut avoir trois petits instruments dont je viens de parler, et que je me propose de nommer Kératotômes. Le premier coupera à droite, le second à gauche, et le troisième des deux côtés. Au moyen de ce système complet d'instruments, on pourra dilater l'incision à droite, à gauche et des deux côtés à la fois. Que celle-ci soit en haut, en bas, en dehors, en dedans, ma méthode sera toujours d'une application facile. L'opérateur peut se servir indifféremment de la main droite ou de la main gauche. Il est une précaution qui devient indispensable, c'est qu'aussitôt que l'on reconnaît que l'incision est suffisamment dilatée, il faut fermer lentement l'instrument en portant l'extrémité libre de ses lames vers la concavité de la cornée, afin de ne point pincer l'iris.

Je vous ai communiqué en même temps qu'à M. Graefe, le petit instrument qui est le sujet de cette lettre : l'empressement avec lequel deux hommes si haut placés dans la chirurgie oculaire, ont accueilli cette petite invention, est pour moi une récompense flatteuse et un honorable encouragement.

J'ai dû prendre acte de cette invention, afin de m'en assurer la propriété, me réservant d'entrer dans un plus ample développement dans un ouvrage qui ne doit pas tarder à paraître. En attendant, veuillez agréer cette petite communication, comme un faible témoignage de gratitude pour les importants services que vous m'avez rendus, parmi lesquels je dois placer en première ligne la protection constante dont m'a honoré jusqu'à sa mort l'illustre Scarpa.

Votre affectionné élève

et reconnaisant ami,

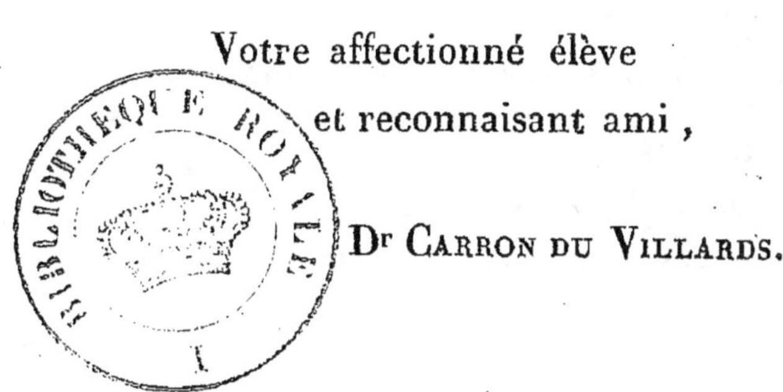

Dr CARRON DU VILLARDS.

Paris, 1er mars 1834.

EXPLICATION DE LA PLANCHE.

N° 1. Instrument vu de côté, et indication de la
        courbure.

N° 2. Le même vu de face.

N° 3.
N° 4. } Tige et instrument démonté.

N° 5. Vis.

N° 6. Lame coupante.

N° 7. Instrument appliqué.

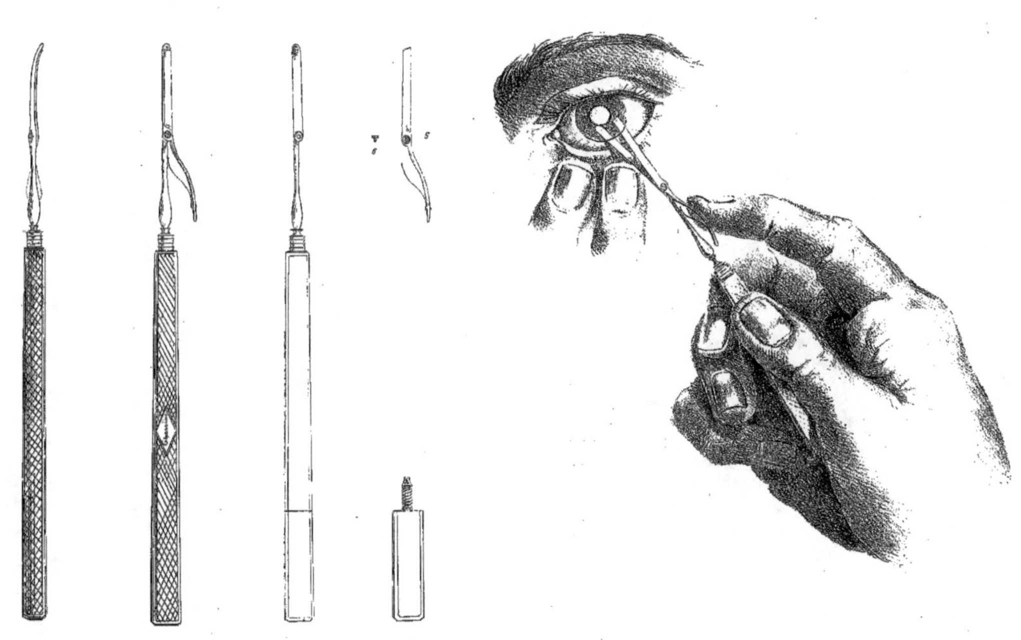

Keratotôme double.
Du D.ᵒʳ Carron du Villards.

Acarie. Bdel.

L. de Bénard.

RÉPERTOIRE ANNUEL

DE CLINIQUE

MÉDICO-CHIRURGICALE,

ou

Résumé de tout ce que les journaux de médecine, français et étrangers, renferment d'intéressant

SOUS LE RAPPORT PRATIQUE.

RÉDIGÉ PAR

CARRON DU VILLARDS,

Docteur en médecine et en chirurgie, membre de plusieurs Sociétés savantes, nationales et étrangères.

1 *fort vol. in-8, prix : 8 fr.*

On publie un volume tous les ans vers le mois de mars ; il contient les faits pratiques observés dans le cours de l'année précédente.

La première année a été publiée en 1833.

TRAITÉ COMPLET

DE L'ART DU DENTISTE,

D'APRÈS

L'ÉTAT ACTUEL DES CONNAISSANCES.

Par F. MAURY,

Dentiste de l'École royale polytechnique.

Nouvelle Édition.

2 vol. in-8 dont un de 40 planches. Prix : 16 fr.